L'HERCULE GAULOIS,

OPÉRA-BALLET.

L'HERCULE GAULOIS,

OPÉRA-BALLET

EN TROIS ACTES,

Par M. G. de B.......

(G. de Beaumont, *....... Barbier*)

Elle aimera l'époux qu'en secret elle admire.
(Acte III , Scène V.)

A PARIS,

Chez Barba, libraire, Palais-Royal, Galerie Vitrée, n°. 51.

1810

LEMERCIER GAULOIS,

OPÉRA-BALLET

EN TROIS ACTES.

Cet Opéra-Ballet a été envoyé à l'administration de l'Académie impériale de Musique, le 12 mars dernier, il y a été favorablement accueilli; mais S. M. I. et R. qui prévoit tout, n'a voulu confier qu'à lui-même, et à des hommes déjà célèbres par des succès, le soin d'embellir les fêtes qu'il veut donner à son auguste épouse.

Espérons plusieurs anniversaires de ces fêtes mémorables. Ils pourront faire jeter un jour les yeux sur mon HERCULE GAULOIS.

PERSONNAGES.

Jupiter, Mars, Appollon, Mercure, Vulcain, Bacchus, Junon, Minerve, Diane, Venus, etc.

(*Les Dieux du Ciel.*)

L'Amour, suivi des Graces et des Plaisirs.

Eglé, la première des Graces, aimée d'Hercule.

Neptune, dieu des mers, avec sa suite.

Pluton, dieu des enfers, avec sa suite.

La Discorde, accompagnée des Furies.

Le Tems, sous la figure d'un vieux druide.

Hercule Gaulois.

Rois et Généraux, compagnons d'Hercule.

Un Capitaine des gardes.

Soldats.

Peuples Gaulois et de différentes nations.

Femmes Gauloises et de différentes nations.

Danseurs, Danseuses, Chœurs, etc.

La scène est à Lutèce, capitale de la Gaule.

L'HERCULE GAULOIS,

OPÉRA.

ACTE PREMIER.

Le Théâtre représente d'un côté les cavernes infernales ; dans le lointain on voit la mer agitée.

Dans le fond du Théâtre paraît une montagne faiblement éclairée par la lune ; sur la montagne est un camp.

Dans le moment où la Discorde exhale sa haine contre Hercule, on le reconnaît au milieu de ses compagnons d'armes ; ils se mettent en marche et disparaissent derrière la montagne ; la lune cesse d'éclairer.

SCENE PREMIERE.

UN CHEF DE DÉMONS.

Que nous veut donc le maître du tonnerre ?
Il obscurcit les cieux et fait trembler la terre,
    Nos cris aigus ne peuvent l'émouvoir :
Jusqu'au fond des enfers, tout ressent son pouvoir !

CHŒUR DE DÉMONS.

Bravons les lois d'un maître trop sévère,
Bravons de Jupiter l'implacable courroux ;
    Nous méconnaissons sa puisssance,
    C'est Pluton qui règne sur nous.
Prête-nous, ô Pluton, ta terrible assistance !

SCÈNE II.

LES PRÉCÉDENS, LA DISCORDE. (*Elle sort des enfers avec toute sa suite.*)

LA DISCORDE *aux démons.*

Ministres des enfers, partagez mes douleurs;
Vous ne connaissez pas encor tous nos malheurs?

Air.

J'avais établi mon empire
Aux palais somptueux des orgueilleux mortels :
  Ils m'avaient dressé des autels,
Et leur hommage allait jusqu'au délire :
    Mais Jupiter, jaloux
    De son pouvoir suprême,
    Contre-moi, contre-vous
    Protège un fils qu'il aime!
Hercule s'est paré du plus beau diadème;
Il veut de l'incendie arrêter les progrès,
Eclairer les humains, et leur donner la paix !
Le fils de Jupiter est Jupiter lui-même !....,

UN CHEF DE DÉMONS.

Souffrirons-nous ses rigueurs, ses mépris ?
Pour nous venger du père, il faut frapper son fils !
Vous ne l'ignorez pas, il marche sur ses traces ;
  Contre nos vœux, la première des Graces,
    Va s'unir à son sort...
C'est le dieu puissant, le dieu fort.

De sa postérité redoutons la colère !

(On répète le chœur de démons.)

Bravons les lois d'un maître trop sévère,
Bravons de Jupiter l'implacable courroux ;
Nous méconnaissons sa puissance,
C'est Pluton qui règne sur nous.
Prête-nous, ô Pluton, ta terrible assistance !

LA DISCORDE.

Pour seconder nos vœux, Pluton sort des enfers.
Il saura protéger ses plus ardens ministres...
Le dieu des mers
Vient aussi s'opposer à leurs projets sinistres !

(Pendant que la Discorde chante ce récit, Pluton et Neptune
arrivent sur leurs chars avec les Tritons et les Furies.)

SCÈNE III.

LES PRÉCÉDENS, PLUTON, NEPTUNE, TRITONS, etc.

PLUTON à Neptune.

NEPTUNE, es-tu las de souffrir ?
Serons-nous donc toujours les timides victimes
D'un frère ambitieux qui cherche à nous flétrir
Nos droits sont à ses yeux des crimes.

NEPTUNE en fureur.

Il ne faut plus de stériles regrets,
Unissons-nous et sauvons nos sujets,

L'HERCULE GAULOIS.

Air, duo et chœur.

NEPTUNE *seul.*

Je saurai réprimer l'audace
  Du fils de Jupiter ;
J'aurai pour moi les cieux et la terre et l'enfer,
  Et j'éteindrai toute sa race !
  Les dieux m'ont promis leurs secours :
    Mars et Bellone
  Ont conspiré contre ses jours....
Et nous l'écraserons du poids de sa couronne.

(Pluton, avec Neptune, reprend les quatre premiers vers,
ils les chantent en duo ; le chœur, avec Pluton et Neptune.)

CHŒUR.

  Les dieux promettent leurs secours ;
    Mars et Bellone
  Ont conspiré contre ses jours,
Et nous l'écraserons du poids de sa couronne

LA DISCORDE (*à part.*)

Les dieux, dissimulons, vont cesser d'être unis !

CHŒUR GÉNÉRAL.

O bonheur imprévu ! nos malheurs sont finis ;
  Unissons-nous pour la vengeance.
    (*A Neptune et Pluton.*)
  La plus aveugle obéissance
  De vos bontés sera le prix !

SCENE IV.

(Les éclats du tonnerre redoublent, le ciel est en feu, l'Olympe s'ouvre et la foudre précipite les démons dans les enfers.

Neptune et Pluton restent sur leurs chars dans une contenance menaçante ; la Discorde se range du côté de Neptune, qui la reçoit sur son char.

Jupiter paraît sur un trône plus élevé au milieu de l'Olympe ; il a l'air courroucé.

Mars et Bellone expriment par leurs contenances la fureur dont ils sont animés contre le souverain des dieux.

Les autres dieux et déesses consternés, cherchent à ramener la paix dans l'Olympe.

(Ritournelle agitato.)

JUPITER, *aux dieux rebelles.*

Récitatif obligé.

FAUDRA-T-IL contre vous déployer mon tonnerre ,
Et serez-vous toujours rebelles à mes lois ?
  Quoi ! vous osez me déclarer la guerre....
Vous, menacer mon fils!... Vous, balancer mes droits!...
  Mars et Bellone,
Séduits par la Discorde, osent se joindre à vous!....
  Craignez l'effet de mon courroux
Hercule doit régner si le destin l'ordonne....

(Il se radoucit.)

Rentrez dans le devoir et Jupiter pardonne !
  Oovrons le livre du destin,
Ecoutez son oracle.... Il ne sera pas vain !

(Jupiter prend le livre du destin et lit.)

« Au pays des Gaulois, en dépit de l'envie,
» Le fils d'Hercule, apportera la paix,
» Redressera les torts, punira les forfaits,
» Protecteur des beaux arts, il les rend à la vie ;
» Il régnera par les vertus ;
» Recevra des mortels les plus justes tributs !....
» Il obtiendra pour récompense,
» Le bonheur de la Gaule et l'immortalité ! .... »

(Jupiter ferme le livre du destin et pèse dans
ses balances d'or les succès de son fils Hercule.)

(Il continue :)

Aux décrets du destin pesés dans sa balance,
Jupiter se soumet avec docilité....
Il a mis dans mes mains la puissance suprême ; ....
Vous les respecterez comme je fais moi-même.
Je ne peux rien changer aux éternels décrets.

NEPTUNE ET PLUTON *ensemble.*

Sur ce fils trop fameux on connaît vos projets,
C'est un abus de la puissance !....

JUPITER, *(avec fermeté et noblesse.)*

Obéissez et gardez le silence !

(Mars, Bellone et tous les dieux de l'Olympe se prosternent
devant Jupiter ; Neptune et Pluton seuls restent dans une
contenance menaçante.
Le trône de Jupiter s'élève dans les cieux, l'Olympe reste
assemblé.

MINERVE.

(Pendant qu'elle chante, la Discorde agite ses torches, elle
va de Neptune à Pluton, et menace les dieux de l'Olympe.)

Air.

De nos débats l'univers désolé
Invoque en vain notre sagesse :
Nous devons le sauver de sa propre faiblesse,
   Lorsque le destin a parlé !
   Par la plus prompte obéissance
   Appaisons le maître des dieux,
   D'Hercule honorez la vaillance,
Le destin a marqué sa place au rang des dieux !

NEPTUNE à Minerve (*avec dédain.*)

Voilà donc la sagesse et sa noble assistance !

Air et chœur des dieux.

(Alternativement.)

NEPTUNE seul.

Eh bien ! je ferai seul ce que vous refusez,
J'abaisserai l'orgueil et du fils et du père !
   Temporisez....
Ils sentiront tous deux l'effet de ma colère !

PLUTON *avec Neptune.*

Eh bien ! nous ferons seuls ce que vous refusez,
Nous combattrons l'orgueil et du fils et du père !
   Temporisez.
Ils sentiront l'effet de ma colère.

LA DISCORDE (*avec Neptune et Pluton.*)

Eh bien ! ils feront seuls ce que vous refusez,
Ils combattront l'orgueil et du fils et du père !

Temporisez.
Je m'abandonne à toute ma colère.

MINERVE seule (*et ensemble avec les dieux.*)

CHOEUR GÉNÉRAL.

Aux décrets du destin, Neptune, obéissez !
Dans le maître des dieux, Pluton, voyez un père ;
Craignez, craignez l'effet de sa colère.
Le destin veut, Neptune, frémissez.

(Neptune et Pluton courroucés retournent dans leurs etats :
    la Discorde s'en va sur le char de Neptune, l'Olympe
    reste assemblé.)

SCENE V.
LES PRÉCÉDENS.

MINERVE.

DE leur fureur vous n'avez rien à craindre ;
Ils parlent de leurs droits, et non de leur devoir.
Laissons à Jupiter le soin de les contraindre ;
Soumettons-nous à son pouvoir.

Air.

Pour appaiser le maître du tonnerre,
L'aimable Vénus
Ira trouver son père.
Vénus ne craint point les refus.
(*à Vénus.*)
Quand vous aurez parlé de notre obéissance,
Il écoutera sa clémence.
Allez vers Jupiter : le souverain des dieux
Pardonnera l'involontaire offense.

Parlez-lui de son fils, rendez-nous tous heureux;
Nous refuserez-vous votre douce éloquence?

VÉNUS (*à l'Olympe assemblé.*)

Je remplirai tous vos desirs.
Abjurons pour jamais la discorde et les haines;
  Suivons les traces des plaisirs,
Ils chasseront les tristes souvenirs
  Et finiront toutes nos peines.

Air et chœur des dieux. (*Finale.*)

VÉNUS seule.

Pour rétablir parmi les dieux
L'aimable paix et tous ses charmes,
Je conçois un projet heureux...
L'amour, ennemi des alarmes,
Nous accordera son secours...
Oui, croyez-moi, laissons-le faire;
Du cœur humain il connaît les détours.
  Il fait la paix, il fait la guerre;
Par lui le calme renaîtra.
    L'amour fera
    Ce qu'il voudra.

Récit.

Que les Plaisirs, les Jeux, descendent sur la terre!

(Les dieux retournent auprès de Jupiter en laissant à Vénus et à l'Amour le soin d'appaiser leur querelle. L'Amour, les Graces et les Plaisirs descendent sur la terre en même tems que l'Olympe s'élève dans les cieux; ils vont se cacher dans les bosquets qui entourent le palais de l'empereur des Gaules.)

Fin du premier acte.

ACTE II.

Le théâtre représente le palais de l'empereur des Gaules ; sur le devant sont des jardins délicieux.

Un arc de triomphe richement décoré est placé latéralement.

Les troupes gauloises, qu'on a vues dans le Ier acte campées sur la montagne, étaient en route, après la victoire, pour revenir dans leur patrie, chargées des dépouilles des ennemis : elles passent sous l'arc de triomphe.

SCENE PREMIERE.

UN GENERAL.

Nous avons combattu guidés par un héros ;
Hercule, après tant de travaux,
Aux chers compagnons de sa gloire
Permet un instant de repos.

(Hercule entre, entouré de ses compagnons ; ce sont des rois, des généraux richement vêtus ; lui seul, habillé simplement à la manière gauloise, porte une peau de lion par-dessus son habit guerrier.)

CHŒUR DE SOLDATS.

Chantons la gloire
D'un souverain chéri de ses sujets ;
Il nous a donné la victoire.
Admirons ses vertus, célébrons ses hauts faits.

HERCULE *à ses compagnons.*

De nos succès rendons grace à mon père ;
    Dignes amis, braves soldats. . . . .
Dans les périls il protégea mon bras !. . . . .
    Pour donner la paix à la terre.

Air.

    Dans le temple du roi des rois
Allons porter le fruit de nos conquêtes.
Malgré Pluton et le dieu des tempêtes,
Jupiter dans nos cœurs fit entendre sa voix.
    Comme il honore la vaillance
    Honorons notre protecteur . . . . .
Offrons nos vœux à Jupiter vainqueur ;
    Prosternons-nous en sa présence.

Récit.

    Allez remplir un vœu si doux ,
    Gaulois, je vais me joindre à vous. . . . .
Le premier des devoirs est la reconnaissance.

            (*Tout le monde se retire.*)

SCENE II.

HERCULE seul. (*Il réfléchit.*)

De Neptune en courroux j'ai pu braver les lois,
Frapper ses favoris des traits de ma vengeance !. . . .
    De l'oppresseur j'ai puni l'insolence ;
    Du malheureux j'ai soutenu les droits !. . . . .
    A mes desirs la victoire fidèle ,
    Par vingt succès a couronné mon zèle ! . . . .

Je ne peux former un souhait
Que Jupiter ne l'accomplisse !....
Je devrais être satisfait....
Et cependant mon cœur est au supplice !
Je frémis d'y jeter un coup-d'œil curieux ;
Non, je n'ose y descendre !....
Allons au temple interroger les dieux ;
Jupiter à son fils saura se faire entendre.

SCÈNE III.

HERCULE, UN CAPITAINE de ses gardes.

LE CAPITAINE.

Les heureux que vous avez faits,
    Seigneur, pour offrir leurs hommages,
Sont aux portes de ce palais.

HERCULE.

La voix du peuple est le bonheur des sages....
Qu'ils entrent, je reviens les combler de bienfaits.
(*A part, en s'en allant.*)
Allons des dieux implorer les suffrages.

SCÈNE IV.

(L'orchestre exécute une musique harmonieuse et douce ; les
    Gaulois, leurs femmes et leurs enfans entrent en dan-
    sant, tenant à leurs mains des fleurs, des couronnes et
    des branches de laurier ; parmi eux sont les Amours, les

Graces et les Plaisirs, déguisés et habillés comme les
Gaulois.)

CHŒUR ET DANSES.

Honneur et gloire au guerrier généreux
Qui vient protéger nos provinces !
Honneur et gloire aux compagnons fameux
Du plus magnanime des princes !
Honneur et gloire au monarque vainqueur !
Qu'il règne pour notre bonheur !

UN GÉNÉRAL.

Le monarque descend du trône,
Pour se montrer aux jeux des enfans de Bellone.

SCÈNE V.

HERCULE; LES PRÉCÉDENS.

(Les groupes se forment à l'entrée d'Hercule ; les danseurs,
danseuses et chanteurs, avec leurs couronnes et leurs
branches de laurier, forment un arc de triomphe (vivant),
sous lequel passe le héros. Il va s'asseoir sur un trône for-
mé artistement de branches et de couronnes de laurier. Les
groupes, en dansant, vont déposer à ses pieds celles qu'ils
ont à la main.)

On répète le chœur.

CHŒUR GÉNÉRAL.

HONNEUR et gloire au héros généreux
Qui vient protéger nos provinces !
Honneur et gloire aux compagnons fameux
Du plus magnanime des princes !
Honneur et gloire au monarque vainqueur !
Qu'il règne pour notre bonheur !

HÉRCULE (*à ses sujets.*)

Vos doux accens ont pénétré mon cœur ;
De mon amour pour vous ils sont la récompense....

Air.

Goûtez les charmes à la fois
De la paix et de l'innocence.....
La paix fait aimer les bons rois,
Et c'est ma plus douce espérance.
Tous les Gaulois sont mes enfans ;
Leur amitié m'est nécessaire.
Si mon bras combat les méchans,
Il offre aux bons un appui tutélaire.

(Les Graces et les Plaisirs forment des groupes en dansant.
L'Amour (chantant) rode autour d'Hercule et de ses compagnons. Il s'intéresse à cet enfant, qu'il ne connaît pas
pour l'Amour ; il le carresse et prend plaisir à le voir
folâtrer.
L'Amour chante pendant que les Graces dansent.)

Air.

L'AMOUR.

L'Amour est l'ami des héros ;
Après la guerre et sa furie
Ils viennent goûter le repos
Au sein d'une épouse chérie.....
Les guerriers
Sans alarmes
Cachent leurs armes
Sous des lauriers.
Est-il rien de plus beau qu'une épouse adorée,
De tous ses enfans entourée !....

(Hercule écoute avec attention cet enfant; il porte la main
sur son cœur et semble reconnaître que c'est l'amour qui
fait le sujet de son inquiétude. Les danses sont suspen-
dues.)

Duo.

HERCULE.	L'AMOUR.
Quel est donc cet enfant?	Je ne suis qu'un enfant
Quels traits! quelle noblesse!	Qui badine sans cesse.
Que son air m'intéresse!	On rit de ma faiblesse
C'est un enfant charmant!...	Et moi, je suis content.
Voyez son œil brillant,	*(A part.)*
Sa grace et son adresse;	Avec un peu d'adresse
Lorsque je le carresse	Je serai triomphant.
Tout mon cœur est brûlant.	Son œil étincelant
Quel est donc, etc.	Annonce son ivresse.
	Je ne suis qu'un, etc.

HERCULE.

Répondez, bel enfant. Comment vous nommez-vous?

L'AMOUR.

Seigneur.....

HERCULE.

Parlez; quels lieux vous ont vu naître?

L'AMOUR.

Mon nom est un secret....

HERCULE.

Vous avez l'air si doux!
Je voudrais vous connaître.

L'AMOUR.

Seigneur, vous l'ordonnez, il faut vous obéir.....
(*L'Amour quitte son déguisement et d'un ton fier.*)
« Qui que tu sois, je suis ton maître. »

CHŒUR GÉNÉRAL.

C'est le fils de Vénus.... C'est le dieu de l'Amour!

HERCULE.

Que viens-tu faire dans ma cour?....

L'AMOUR.

Tu connaîtras bientôt l'effet de ma puissance.

HERCULE (*impatient*).

Que viens-tu faire, enfin?....

L'AMOUR (*en souriant*).

Hercule, un peu de patience.
Les dieux admirent ta vaillance;
Je viens exécuter les décrets du destin!....

HERCULE (*aux danseurs*).

Fuyez, brillans Plaisirs, enfans de la mollesse;
Laissez-moi seul respirer un moment!

(L'Amour prend Eglé par la main au milieu des groupes; il
la présente à Hercule. Son air modeste et gracieux enchante
le héros. Il s'écrie en la voyant) :

Que de graces! que de noblesse!....

(*Revenant à lui.*)

Fuyons l'Amour..... C'est un cruel tourment!....

(*Hercule sort avec ses compagnons.*)

SCENE VI.

LES PRÉCÉDENS.

L'AMOUR A ÉGLÉ.

Air.

JEUNE divinité, vous êtes destinée
A recevoir les vœux du plus grand des héros.
    Il faut que dans cette journée
Votre main soit le prix de ses nobles travaux....
    Déjà son cœur est touché de vos charmes....
(*La pudeur d'Églé est effrayée.*)
    Les dieux calmeront vos alarmes.
Vous devez du destin remplir la volonté ;
Hercule aura des droits à l'immortalité !

(Eglé est émue , elle est indécise ; l'Amour emmène avec lui
les Graces et les Plaisirs , et la laisse seule à ses réflexions.)

SCÈNE VII.

ÉGLÉ seule.

QUEL doux saisissement, quel embarras, quel trouble .
Un décret du destin l... mon embarras redouble !...

Air.

    Jusqu'à ce jour
J'ai bravé les traits de l'Amour...

Des dieux j'ai rejeté l'hommage,
Je le voyais comme un outrage....
Hélas! je ne me connais plus....
Aux autels de Vénus je m'étais consacrée.....
Secourez-moi, belle Vénus;
Je ne me connais plus,
Ma vue est égarée....
Est-ce l'Amour qui déchire mon cœur,
Ou la douleur de quitter la déesse?
Qui me délivrera de moi, de ma faiblesse?
Qui me consolera dans ma triste langueur?

Récit.

On vient... contraignons-nous !....

SCENE VIII.

EGLÉ, LA DISCORDE (*sous les traits d'Amphitrite.*)

LA DISCORDE (*à part.*)

Par l'ordre de Neptune,
Je viens d'Hercule enchaîner la fortune....
Sous les traits d'Amphitrite, elle ne craindra pas
De me donner sa confiance:
Profitant de son embarras,
Je pourrai donc enfin exercer ma vengeance!

Air. (*haut à Eglé.*)

Venez déposer dans mon sein
Le sujet de vos peines....

L'Amour veut vous donner des chaînes,
Je connais son fatal dessein.
Armez-vous d'un noble courage
Contre de si perfides traits....
Non, les mortels ne sont pas faits
Pour recevoir un si précieux gage !
Hercule serait votre époux !
Non, non, jamais je ne pourrai le croire.
Une immortelle comme vous
Ne peut compromettre sa gloire.

ÉGLÉ.

Aimable mère des tritons,
Vos conseils sont dictés par la rare prudence.
Vous avez droit à ma reconnaissance....
Mais dois-je écouter vos leçons ?

Air.

L'Amour sur mon cœur trop sensible
Vient d'essayer la force de ses traits !
D'Hercule il m'a peint les hauts faits ;
Il m'a fait voir le guerrier invincible
Et le héros chéri des dieux...
Ils soutiennent son bras, inspirent son génie,
Le destin protége ses feux...
Prenez pitié de votre amie !

LA DISCORDE.

On vient.... (*à part*) je n'en peux plus douter,
C'est l'envoyé de Jupiter...
C'est le Tems déguisé... son œil est formidable !...
On rencontre par-tout ce vieillard implacable !

SCENE IX.

LES PRÉCÉDENS, LE TEMS (*sous les traits d'un druide*).

(Pendant le récit que la Discorde furieuse chante *à parte*, Eglé est absorbée dans ses réflexions. Le Tems, sous les traits d'un vieux druide, la salue avec respect. Eglé est charmée de l'air vénérable du vieillard ; elle va au-devant de lui, il lui inspire de la confiance.)

LA DISCORDE (*haut*) *à Eglé.*

Vous m'évitez, et fuyez mes avis ?

LE VIEILLARD (*regardant la Discorde.*)

Ton regard l'intimide.
Le cœur de l'innocence a son instinct pour guide ;
Il se trouve à son aise avec ses vrais amis....

ÉGLÉ *surprise* (*au vieillard.*)

Vous connaissez aussi l'état d'incertitude ?...

LE VIEILLARD.

Rien n'est caché pour nous....
Je viens vous délivrer de votre inquiétude...

ÉGLÉ.

Eh bien ! que me conseillez-vous ?

Air et Trio.

LE VIEILLARD *seul.*

N'écoutez pas des conseils trop perfides ;
Ils sont dictés par la fureur...

On veut verser dans votre cœur
Le fiel des Euménides.
Le destin a parlé ;
Son décret vous est révélé ;
Exécutez ses ordres immuables...
Pour vous et votre époux les dieux sont favorables.

(On voit dans le fond du théâtre un tableau magique ; le
Tems lève le voile qui le couvre.

On peut se servir pour cet effet, qui se passe derrière une
gaze, du tableau de Rubens placé dans la galerie du Sénat.
On conviendra sur le lieu des effets de l'optique, et même de
la composition du tableau qui est désigné dans le récit sui-
vant.)

LE VIEILLARD *continue* (*Il explique le tableau.*)

Pour donner la paix aux humains,
Les dieux veulent unir la grace à la noblesse.
La Discorde en frémit... Ses efforts seront vains.
Il faut de Jupiter acquitter la promesse.
Voyez dans l'avenir votre postérité...
L'univers est en paix.... vous en êtes la cause.
De votre époux voyez l'apothéose ;
Il s'élève avec vous à l'immortalité !...

(*Le tableau se couvre.*)

N'écoutez pas des conseils trop perfides ;
Ils sont dictés par la fureur.
On veut verser dans votre cœur
Le fiel des Euménides.

LA DISCORDE (*ensemble, avec embarras.*)

N'écoutez pas des conseils trop perfides ;
Ils sont dictés par la fureur...

Il veut verser dans votre cœur
(*en montrant le vieillard.*)
Le fiel des Euménides.

ÉGLÉ (*avec le vieillard et la Discorde*).

Je ne crois pas à des conseils perfides,
Dictés par la noire fureur...
Qui pourrait verser dans mon cœur
Le fiel des Euménides?
Le destin a parlé,
Et l'Amour m'a tout révélé.
Je remplirai ses ordres immuables...
J'ai lu dans l'avenir ses décrets favorables.

LA DISCORDE.

Le destin a parlé;
Son décret vous est révélé.
Exécutez ses ordres immuables....
Ecoutez mes conseils, ils vous sont favorables.

LE VIEILLARD.

Récit.

Il faut enfin terminer ces débats
Et montrer au grand jour toutes leurs perfidies!...
Vous avez devant vous la Mère des Furies!!!

(Le voile qui couvrait la Discorde, et lui donnait les traits
d'Amphitrite, tombe; Eglé la reconnait; elle en est effrayée.)

LA DISCORDE furieuse (*en s'en allant*).

Quels que soient tes desseins, je poursuivrai tes pas!...

❦ Le vieillard se dépouille de son manteau. Eglé reconnait le
Tems, elle se rassure. Le Tems et la Discorde sortent ensemble, chacun de leur côté.)

ÉGLÉ.

Hélas !...

LE TEMS à Eglé *(en s'en allant)*.
Prenez conseil de la sage Pallas.

SCENE X.

ÉGLÉ seule.

La Discorde, en ces lieux, sous les traits d'Amphitrite !.
J'en suis encor tout interdite.....

Air.

Mon sort doit être heureux, si j'en crois le destin,
   Je m'y soumets, en dépit de l'Envie !....
Allons trouver Pallas, me jeter dans son sein,
Lui demander conseil et braver la Furie !... (*Elle sort.*)

Fin du second acte.

ACTE III.

On pourra donner au théâtre l'étendue que le décorateur jugera convenable, en montrant une autre face du palais et des jardins de l'empereur des Gaules.

SCENE PREMIERE.

ÉGLÉ.

Jupiter, dans son fils, me donne un défenseur,
   Que Jupiter dispose de mon cœur.....

Air.

   Au favori de la victoire
   Le destin m'unit à jamais ;
   Dans la carrière de la gloire
   Je partagerai ses projets !....
   Déjà dans mon ame inspirée
   J'éprouve un sentiment nouveau ;
   Par lui ma vie est illustrée,
   L'amour lui prêta son bandeau !...

Récit.

Hercule vient... Hélas ! mon cœur tremble à sa vue !...
   (*Eglé veut sortir, Hercule la retient.*)

SCENE II.

HERCULE, ÉGLÉ.

HERCULE.

(*A part.*) Mon ame est tout émue !...
(*Haut à Eglé.*) Ecoutez un instant un véritable ami...

Air et récit obligé.

L'Amour s'enfuit au bruit des armes ;
Contre ses traits je m'étais affermi ;
Je me croyais à l'abri de vos charmes.

La force plaît à la beauté ;
Venez partager ma couronne.
Et lorsque le destin l'ordonne
Il est doux de céder à la nécessité.

Pour vous j'abandonne Bellone.....
Assise avec moi sur mon trône ;
Augmentez-en la majesté.....

Ce n'est pas le destin, c'est l'Amour qui l'ordonne.
Venez partager ma couronne.

ÉGLÉ (*avec timidité*).

Du plus grand des guerriers j'admire les vertus !...
Je suis, vous le savez, prêtresse de Vénus,
Toujours soumise à son empire.....
A ses ordres sacrés vous me verrez souscrire. (*Elle sort.*)

(Hercule veut en vain la retenir, Eglé fuit avec rapidité ;
Hercule court après elle ; l'Amour se trouve sur ses pas.)

SCENE III.

HERCULE, L'AMOUR.

HERCULE (*à l'Amour qui sourit*).

Amour ! secoure-moi... Termine mon martyre !...

Duo.

L'AMOUR.	HERCULE.
On murmure contre l'Amour,	Je ne veux point braver l'Amour,
L'Amour se rit de ce murmure;	Ses traits sont lancés de main sûre.
Chacun doit à son tour	Chacun doit à son tour
Payer sa dette à la nature.	Payer sa dette à la nature.

L'AMOUR.

Eternelle félicité !...
Le destin te promet une sensible épouse,
Et, malgré la Discorde et sa fureur jalouse,
Une longue postérité !...
Invoque le secours de ton auguste père,
Il veut faire par toi le bonheur de la terre....
Pour seconder tes vœux je te quitte un moment.

(*L'Amour sort.*)

HERCULE (*à l'Amour*).

L'Amour est un cruel tourment !

SCENE IV.

HERCULE seul.

Air.

Parmi les troubles de la guerre
Je sentais mon cœur s'enflammer;
Couvert de sang et de poussière,
J'éprouvais le besoin d'aimer....

L'Amour au sein de la victoire
Vient m'embraser de tous ses feux....
On est illustre par la gloire,
Par l'Amour seul on est heureux !

O Jupiter ! ô le plus tendre père !
Entends ma voix, écoute ma prière.
Une beauté divine a captivé mon cœur;
Compagne de Vénus, ce choix fait mon bonheur.

(Le tonnerre gronde et annonce l'arrivée du maître des dieux;
l'Olympe descend comme dans le premier acte.

Pendant que l'Olympe descend et qu'Hercule est courbé
respectueusement devant les dieux, on entend dans les
enfers un bruit de chaînes.)

SCENE V.

CHŒUR DE DEMONS.

Sur nous retombe la vengeance;
Les dieux nous tiennent enchaînés !

5

D'Hercule ils ont pris la défense,
A respecter sa gloire ils nous ont condamnés !

(Pendant que les Démons, enchaînés dans le fond des enfers,
chantent ce chœur, l'Amour, accompagné des Graces et
des Plaisirs, arrivent avec Eglé et se placent sur le côté
du théâtre.

Les dieux quittent l'Olympe et descendent sur la terre.
Jupiter monte sur un trône ; il s'assied. Eglé se jette aux
pieds de Vénus, qui la relève ; elle la présente à Jupiter,
qui la baise au front.

L'Hymen se rapproche de l'Amour ; ils s'embrassent et
vont se placer avec les dieux, aux pieds de Jupiter.

Hercule est au comble de la joie.)

JUPITER (*aux Démons*).

Rentrez dans le devoir.... ou craignez ma colère !...

(*A Hercule.*)   *Récit obligé.*

Hercule, tes travaux sont dignes de ton père,
Et mes esprits sont satisfaits !.....
Je viens exaucer ta prière :
Tu régneras chéri de tes sujets ;
Tu soumettras les mers aux lois de ton empire,
Pour le bonheur du genre humain ;
D'une divinité je te donne la main ;
Elle aimera l'époux qu'en secret elle admire !...
Je vois déjà les généreux Gaulois
Se presser autour d'elle et respecter ses lois....
Ils chériront les fils d'une si noble mère
Et vous serez un jour l'arbitre de la terre !

MINERVE.

La sagesse triomphe et mes vœux sont remplis.
Votre bonheur présent annonce un sort prospère,

Hercule a pour appui tous les dieux et son père ;
Les décrets du destin sont enfin accomplis !...

CHŒUR GÉNÉRAL.

La sagesse triomphe et nos vœux sont remplis.
Ce jour du vrai bonheur annonce un sort prospère ;
Hercule a pour appui, etc.

APOLLON seul.

Aux fiers accens de la sagesse
Réveillez-vous, enfans des arts ;
Que sur vos pas l'abondance renaisse !...
Mars a vu trop long-tems flotter ses étendards.
Réveillez-vous, enfans des arts.

(Ce chœur devient général et finale.)

(Pendant ce chœur, Jupiter unit les deux époux. Vénus,
l'Amour et l'Hymen remplissent chacun leurs devoirs.
Mars et Bellone témoignent leur joie et s'annoncent leurs
protecteurs. Les Graces et les Plaisirs dansent et rendent
hommage au héros et à son illustre compagne. Alternativement, les Gaulois et leurs femmes prennent part à la
fête.)

FIN.

9 782329 657004